조 재 도

좋은 날에 우는 사람

애지시선 014

좋은 날에 우는 사람

2007년 9월 28일 초판 1쇄 발행

지은이 조재도
펴낸이 윤영진
기 획 유용주 박수연 한창훈 이정록
편 집 함순례
디자인 함광일 이경훈
홍 보 전희주
펴낸곳 도서출판 애지
등록 제 2005-5호
주소 300 -170 대전광역시 동구 삼성동 125-2 4층
전화 042 637 9942
팩스 042 635 9941
전자우편 ejiweb@hanmail.net

ISBN 978-89-92219-08-2 03810

애지시선 014

좋은 날에 우는 사람

조재도 시집

□ 시인의 말

일곱 번째 시집입니다.

전과는 다르게 시를 써 보려고 했습니다.

미완성으로 남겨두기, 생략하기, 직접 인용, 빈칸으로 두기, 공동창작, 그림 사진 만화 등으로 시어를 대신하기…. 시가 좀 재미있고, 풍부해지고, 따뜻한 피가 돌았으면 하는 바람에서입니다. 그런 흔적들이 여기 조금 남았습니다.

그리고….

삶이
고단한 사람들은
'좋은 날' 에도 많이 울더군요.
그들과 함께하고 싶었습니다.

2007년 9월
조재도

차례

제1부

매미 소리

처서 무렵 우는 매미 소리는
강철 빛깔이다
골무만 한 몸통에서
가슴팍 열어 젖혀 쟁명히 울어대는
매움 매움, 저 매미 소리는
하늘과 땅 사이 나 아니면 울 게 없다는
아니 아니 하늘과 땅 사이 울 것 투성이인데
아무도 울지 않아 내가 대신 운다는
매미가 쓰는 호곡론好哭論이다
그래 그건 그렇고
넌 언제 울어봤니
두 줄기 눈물 비줄배줄 흘리는 그런 울음 말고
막힌 칠정 한꺼번에 터져 나와 목젖이 다 갈라지는
크나큰 울음, 통곡을
넌 어느 때 울어 봤어
아파트 숲 단풍나무 가지에 앉아
꽁댕이 들었다 놨다 울어 퍼지르는

아흐, 저 빛살의 매미 소리
어떤 톱날로도 자를 수 없는

좋은 날에 우는 사람

슬픔의 안쪽을 걸어온 사람은
좋은 날에도 운다
환갑이나 진갑
아들 딸 장가들고 시집가는 날
동네 사람 불러
차일치고 니나노 잔치 상을 벌일 때
뒤꼍 감나무 밑에서
장광 옆에서
씀벅씀벅 젖은 눈 깜작거리며 운다
오줌방울처럼 찔끔찔끔 운다
이 좋은 날 울긴 왜 울어
어여 눈물 닦고 나가 노래 한 마디 혀, 해도
못난 얼굴 싸구려 화장 지우며
운다, 울음도 변변찮은 울음
채송화처럼 납작한 울음
반은 웃고 반은 우는 듯한 울음
한평생 모질음에 부대끼며 살아온

삭히고 또 삭혀도 가슴 응어리로 남은 세월
누님이 그랬고
외숙모가 그랬고
이 땅의 많은 어머니들이 그러했을,
그러면서 오늘
훌쩍거리며
소주에 국밥 한 상 잘 차려내고
즐겁고 기꺼운 하루를 보내는 것이다

뒤뜰 정담

그곳에선 모든 것이 천천히 흘러간다
구름도 배나무도 반쯤 졸려 눈을 감고 있는 저녁나절의 햇살도
아름다운 한 순간의 배경으로 머물고
할머니 한 분 바구니 들고 느릿느릿 텃밭에 든다
구부정한 허리만큼이나 밭고랑이 좁다
옥수수 열무 가지 등이 심어져 있는 곳
할머니 참외 꽁댕이 킁킁 냄새 맡으며
참외를 딴다, 그러는 사이
뒤꼍 그늘 장광 옆 돗자리 깔고 앉은 사내
등멱 마친 허연 어깨 위로 매미 소리 잘게 부서진다
흙담 밑 기지개켜는 고양이 허리 잘록하다
추녀 끝 해 그늘 점점이 엷어지고
이윽고 참외 바구니 들고 나오신 할머니 얼굴이 환하다
창칼로 껍질 벗겨 속 가르며
가뭄이라 쓸지 달지 모르겠다는 말씀에
사내 말없이 일어나 수돗물에 쓱쓱 씻어 한 입 움먹 깨

문다

금빛 단내에 벌들이 꾀어든다
손 저어 쫓아도 이내 날아와 닝닝댄다
갈쪽하게 썰어 한 집시 안방에 들인 후
사내와 할머니 그 동안 쌓인 이야기 도른도른 나눈다
수국처럼 부푸는 이야기의 끝

할머니 : *저기 저, 니가 사다 심은 자두나무 있잖여?*
먹어 보니 자두가 시고 떪고 …. 암만해두 벼
내버려야겠어.
사내 : *(묵묵히 고개 끄덕인다. 열매보다 꽃이 좋아 심*
은 거라고 말하려다 그만둔다. 꽃도 꽃이지만
생활엔 열매가 먼저임을 아는 까닭이다.)

오갈든 호박잎이 구겨진 치마폭을 서서히 편다
모든 것이 고요히 천천히 흘러가는 뒤뜰
허공을 가로지르다 휘청 거미줄에 걸린 매아미의 비명
소리

쑥꽃

아무래도 너를 무명씨라 해야겠다
길가 풀덤불 어디서나 볼 수 있는

허나, 눈여겨 보잖으면
밥풀떼기만 한 너를 쉬 보지 못할 터

그렇게들 살아가는 물결, 보이잖는 그 물결에도 뿌리가 있어 삼신할미 손자국 같은 시퍼런 잎닢의 뿌리가 있어
그렇게 질기게 끈질기게 자자손손 배추씨로 배추씨보다 더 작은 바로 그 무명씨로

칠십 평생 날 밝으면 지게 지고 나서던 이씨라고 할까
쇠도 늘어붙는 땡볕 차 밑에 기어들어 땅땅 망치질하는 김씨라고나 할까
쥐뿔이나 이름 있는 것들의 허망함이 얼마나 깊은지를 비춰주는 거울과도 같은

생의
통점痛點에서
올라오는
매쿰한 연기

맨발의 땅
이마에 맺힌
허연 소금기

죽은 자리 이듬해 햇쑥으로 다시 돋는
그 꽃이 암요, 영원합니다요

가만 있자 그러니까 그게 거, 할 때의 그 가만 있자에 대하여

어떤 말이 저렇게 깨달음의 등불을 오롯이 드러낼까
어떤 말이 저렇게 강물처럼 흘러 순간마다 빛날까
어떤 말이 늘 서서 걸으며 달려가는 우릴 멈추게 하겠는가
그 자리에 멈추어, 앉아, 되돌아보게 하겠는가
가만 있자의 그 순간이 어디
사람에게만 있겠는가
소주 집에 앉아 씩둑거리는 사람에게만 있겠는가
날아오를 자리 가늠하며 대가리 까댁이는
미루나무 꼭대기의 저 까치에게도
주춤대며 개천 다리 건너오는
오늘 아침 샛강의 자욱한 안개에도
그러니까 그 자세 가만 있자의
낮은 걸음 자세는 깃들어 있는 것이다
왜 아니겠는가, 한 순간 불티처럼 튀어나온 그 깨달음에
극極으로 치닫던 마음이 돌아앉는다
제 몸 진저리치며 세우는 그 자리에

고양이
쥐의 일에
슬퍼도 하고
밭에서 돌아온 소가
부어오른 제 발등을 핥기도 한다

어느 말이 저렇게 어두운 골방에서
맹렬히 타오르는 담뱃불이겠는가

날마다 새로워지는 중

늙음도
달리 보면 새로워지는 것
저녁밥 먹고 난 후의 마루 끝
초저녁별도 새롭게 뜰 것이다
하늘 호숫가
파리하게 잠긴
낮달의 흔적도 다시 보게 될 것이다

그리하여 그렇게
나날이 새로워지는 어느 한 사람하고
바람 살랑대는 햇빛 맑은 날이면
열무 밭에 나가 거름도 줄 것이다

이승을 다 돌아본 것 같은
그 즈음 하얀 나이에
달력의 글자가 꼭 선명해야 하는 것은 아니리
파리와 수박씨를 애써 구분해야 하는 것도 아니리

항아리에 대고 하는 말처럼
이 빠진 말 후엉후엉 하여도
눈짓으로 알리

그래서 차츰 작아지고
희미해지고
먹먹한 귀
고요가 흘러가는 소리 유난히 크게 들리어도

날마다
날마다
새로워지는 중,

그런 어느 날
토란잎에 빗방울 둥그런 오후
등 돌려 걷고 있는 하얀 어깨를
감싸 안는 손 따뜻하고 환하리

내 아는 사람이 그러는디, 자기 엄니 아부지가 일흔 둘에 예순 아홉인디, 아부지가 직장암인가 대장암인가로 똥구멍을 떠냈댜. 똥구멍을 떠내고 옆구리에 똥주머니 같은 걸 차고 사는디, 보통 때 보면 뜨드미지근한 누런 똥이 비닐 팩 같은 똥주머니에 차는 것이 보인댜. 그 똥주머니를 즤 엄니가 갈아주는디, 암만 남편이래두 그 주머니 비울 때마다 구역질이 올라와 은단도 깨물고 담배 연기도 쐰다더먼. 또 그 아부지도 정신은 풀 멕인 광목처럼 짱짱헌디 구겨진 신세가 하두 무서운 말 기가 막혀 북어처럼 입만 딱 벌리고 한숨만 폭폭 내쉬는 게 일이랴. 헌데 어느 날 두 냥반이 마음을 아주 싹 고쳐먹었다느먼. 그러니께 그게 뭐냐면 티콘가 뭔가 허는 쬐그만 중고차 한 대 사가지고 집밖으로 나돌아댕기는디, 매주 월요일 아침마다 시청 문화원 백화점 시민단체 할 것 없이 할만한 디는 빠짐없이 전화해, 주부 대상 노인 대상 행사 프로그램을 빼곡히 적어놓고, 도시락 싸들고 좇아댕기며 어느 땐 수건, 어느 땐 밥그릇, 경품이란 경품은 죄다 받아온다는겨. 그래, 한 번은 무슨 무슨 마라톤 대회에까지 나가 두 노인네가 똥주머니 받쳐 들고 뛰다 걷다 하였는디, 그 바람에 운동화 두 켤레랑 츄리링 두 벌 돈으로 따져 십만 원 어치는 빠지잖게 받아와, 그런 날이면 어김없이 아들내미 딸내미헌티 전화 걸어 한바탕 자랑을 늘어놓는다는디, 그러면서 그 이 하는 말, 사람 사는 일이 정말 맘먹기에 달렸지유? 나는 그 말을 듣고, 처음 듣는 말이 아닌데도 정말 그런 것 같아, 그 말이 문득 무섭게만 느껴지는 것이었다.

제2부

자라

노인 병원 수족관에 자라 한 마리 납작 엎드려 있다
죽음을 앞둔 노인이 생의 주름 잔뜩 오므리고 누워 있듯 그렇게 누워 있다
거대한 층층의 현대판 고려장이다
모시기 마땅찮은 이들이 의논 끝에 이곳에 넣어 두기로 결정했을 것이다
하루 — 반나절 — 30분이 이렇게 더디 간다
환자복 하나 안간힘 다해 휠체어 바퀴 한 번 밀어 3cm 이동한다
다른 환자복 죽 한 그릇 삼키는데 삼천갑자 동방삭이다
삶은 어쩌면 처음부터 저렇게 느리게 움직였는지도 모른다
빈손에 하얗게 굳어 있는 발바닥 삶이
코에 튜브를 낀 채 뒤집어져 있는 삶이
천천히 아주 천천히
자라가 공기방울 밀어 올리듯
아주 천천히 여기까지 흘러왔는지 모른다

죽음 곁에 놓인 삶의 부스러기들
물티슈 크리넥스 화장지 오줌통 깎아 놓아 누래진 사과
쪽들이
완강히 생의 끈을 잡고 놓지 않는 동안
아, 아프지 않고 살기가 저렇게 힘이 들까
나서 죽는 일이 저렇게 힘이 들어?
메마른 눈물인 듯 링거 액 아슬아슬히 떨어지고
있는 힘 다해 살아 있는, 허나 죽어 가는 사람들
형광등 불빛에 눈이 시린
수족관 칸칸마다 엎드려 있는
이따금 오래된 기억인 듯 손발 움직여 보는

그 집

한여름 지나자 갑자기 폐가가 되어가는 집

마당과 뒤꼍에 풀이 우북하고
담장 무너져 구멍 움푹 뚫린 집

속수무책의 서글픔 떠도는 집
아직도 매어 있는 빨랫줄이 눈부시기만 한

문고리 걸어 잠근 안방 책상에
장례식 때 쓴 어머니 사진,
전화기, 성경책, 그리고 펼쳐놓은 내 시집 한 권

하늘나라에 가 사시라는 간절한 염원과
이따금 시간나면 전화통화 하자는 순박한 믿음과
내가 쓴 시 한 번 보시기나 하라는 대책 없는 소망이
차곡차곡 먼지로 쌓여가는 집

지나는 바람에 헐거운 대문이 덜컹거리기도 하는
대낮에도 풋모기 사물사물 날아오르는 텃밭
뚝뚝 꺾은 머위 한 주먹 들고
지금도 어머니 화사하게 걸어 나오는

집
그 집
장마가 지나자 순식간에 폐가가 되어가는 집
장미와 영산홍이 저 혼자 붉은 집
그 집에 가
이따금 앉았는 생각에 눈물 나는 집

아버지의 책

책을 읽듯 아버지를 읽는다
아버지는 내가 모르는 아득한 옛날부터 이 책을 써 왔다
활자보다는 발자국이 더 많이 찍혀 있는 책
아버지의 책을 한 장 한 장 읽는다
밑줄 그은 자리마다 옛날의 기억들이 버섯처럼 돋아난다
눈물겹고 무식하고 애절하기도 한
때로 생각하기도 싫은 생의 버섯들
~에 태어났다,는 첫문장을 지나
밤바다처럼 뒤척이는 젊은 날에 들어서면
아버지의 책도 덩달아 생의 절정에 오른다
거기 느티나무가 있는 산골 마을 어디쯤
젊은 어머니와 나와 우리 식구들의 앳된 삽화도 나오고,
책장을 넘기듯 세월은 또 그렇게
마른 빨래처럼 가볍게 흘러갔을 것이다
후반부로 갈수록 아버지의 책은 지리멸렬, 완강해진다
서랍 속 약봉지와 새벽 기침소리를 지나

어느덧 노인병원에 꽂혀 있는 아버지의 책에는
똑 똑 똑, 끊길 듯 끊이지 않는 말줄임표 가득하다
…와
…사이
침묵의 시렁에 꽂혀 있는 아버지의 책
이 책이 언제 어떻게 끝날지 나는 모른다
언제 완성되어 내 마음의 서재에 꽂힐지 나는 모른다

보리밥

밥솥 밑바닥에 보리쌀 촘촘히 깔고
어머니는 쌀 한 줌 한 가운데 놓았다
달걀노른자 같았다, 부글부글 밥이 끓어
고신내 구수하게 퍼지면
어머닌 눈부신 흰 쌀밥만 옴쏙 따로 퍼내었다
할아버지 밥이었다, 나머진 둥글넓적한 주걱으로
쇄쇄 설설 저어
한 그릇씩 뚝딱 퍼 담았다, 우리들 밥이었다
거뭇거뭇한 깡보리밥
씹을래도 이빨 사이에서 미끈덩미끈덩 미끄러지던 밥
찬물에 말면 낱낱이 풀어지던 헤식은 밥
풋고추 한 줌에 고추장 듬뿍 꿀맛 같던 밥
산초나무 기름에 애오이 썰어 넣고 썩썩 비비면
입안 가득 침부터 고여 오던 밥
그 보리밥을
나를 키운
없어서 못 먹던

농익은 풀내음이 훅! 끼치는 칠월 그믐, 장대비가 쏟아지기 시작했다. 난데없이 터진 그의 울음처럼.

대체 무엇 때문에 그랬는지 묻지 않는 나도 그렇지만, 그렇다고 한 마디 말도 없는 그도 참 어지간하다. 그 후 우린 더러 잠깐잠깐 얼굴을 마주하는 기회가 있었지만, 소 닭 보듯 서로가 딴청이었다. 그랬던 그가 그의 시집에 뜬금없이 나를 끌어들인 것이다.

슬픔의 안쪽을 걸어 당도한 곳

처음 시집 원고를 받고, 보나 마나 슬픔의 기미 한의 정조가 지배적일 거라 예상했던 나의 짐작은 보기 좋게 빗나갔다. 슬픔의 안쪽을 오래, 아주 오래 걸어와 '지금, 여기' 에 당도한 그는 때로 순하고 때로 부드럽고 때로 유쾌하다. 그런가 하면 여전히 때로 날카롭고 때로 냉소적이고 때로 이전보다 더 비애적이다. 현실 문제에 개입하는 일도 주저함없이 적극적이다.

칠판처럼 마음이 암녹색일 때가 있다
칠판처럼 묵묵히 외로움일 때가 있다

한 마디 말 화살처럼
아이의 가슴에 금빛으로 떨어진다
분필가루처럼 날리는 말의 껍질이 싫어
서둘러 그 앞을 떠나고 싶을 때가 있다
그 앞에 다시 서기 위해
십 년을 고스란히 싸운 날이 있다

—「칠판」 전문

그는 1985년 세상을 떠들썩하게 했던 『민중교육』지 사건으로 학교에서 쫓겨난다. 이후 교육운동과 전교조 결성으로 두 번째 해직 상태로 있다가 1994년 복직하게 된다. 혼신의 힘을 기울여 투쟁했던 교육운동 현장에서 교단으로 복직하기까지 적지 않은 세월이 소요된 것이다. 그렇게 볼 때 「칠판」은 그와 같은 길을 걸어온 동지(교사)들의 심정을 총체적으로 대변하는 암울했던 시절의 기록인 셈이다. 그러나 그게 전부가 아니다. 가만 들여다보면 이것은 단순히 암울했던 시절의 기록이 아니라 현재진행형 진술이다. 교단으로 돌아왔으되 마음은 "암녹색"이고 "외로움"일 때가 있노라 고백하고 있지 않은가. "분필가루"처럼 분분히 날리는 말의 허상이 싫어 칠판 앞을 떠나고 싶을 때가 있노라고 말하고 있지 않은가. "십 년을 고스란히 싸워" 다시 돌아온 곳이지만 개선되지 않은 이 땅의 교육현실 앞에 전의를 상실한 채 때로 "묵묵하다"고 토로하고 있지 않은가.

"나와 아버지와 어머니와 말 못하는 형이 함께하는 저녁상이다// 아버지의 병환과/ 칠순 어머니의 고된 노역과/ 농협 융자와/ 문창을 할퀴대는 장마철 비바람에/ 말없는 초라한 볼품없는 저녁// 어머니는 아버지의 병환을 깊이 근심한다/ 아버지는 객지 동생의 실직한 생활을 걱정한다/ 나는 어머니의 고된 노역을 측량하고/ 그러면서 제각기 말이 없는 저녁// 내 가슴에 진흙덩이 꽉 메이는 것 같다/ 눈에 눈물이 고일 것도 같다/ 이렇게 갑갑하고 눅눅한 때를 당하면/ 화라락 문을 열고 뛰쳐나가 고함 고함을 지르고 싶다가도// 잠잠히,"(시집『그 나라』,「저녁 밥상」부분)

그의 가족사가 미루어 짐작되는 시편이다. 병환 중인 아버지와 고된 노역을 혼자 감당해야 하는 어머니, 말을 하지 못하는 형과 실직한 동생. 마치 약속이나 한 듯한 신산한 삶이다. 숨길래야 숨길 구석이 없는 적나라한 곤궁이다. 유행가의 한 소절처럼 그야말로 "등이 휠 것 같은 삶의 무게"다. "화라락 문을 열고 뛰쳐나가" 공평치 못한 세상을 향해 고래고래 고함을 지르고 싶은 충동을 느끼다가도 그런다고 해결

될 일이 아님을 알겠기에, 그 모든 울컥한 덩어리들을 가만가만 다독이며 "잠잠" 해지는 쪽을 택하는 거다. 그러면서 한 고비 넘기는 거다. 그러고 나면 거짓말처럼 또 버틸만 해지는 거다.

슬픔의 안쪽을 걸어온 사람은
좋은 날에도 운다
환갑이나 진갑
아들 딸 장가들고 시집가는 날
동네 사람 불러
차일치고 니나노 잔치 상을 벌일 때
뒤꼍 감나무 밑에서
장광 옆에서
씀벅씀벅 젖은 눈 깜작거리며 운다
오줌방울처럼 찔끔찔끔 운다
이 좋은 날 울긴 왜 울어
어여 눈물 닦고 나가 노래 한 마디 혀, 해도
못난 얼굴 싸구려 화장 지우며
운다, 울음도 변변찮은 울음
채송화처럼 납작한 울음
반은 웃고 반은 우는 듯한 울음

한평생 모질음에 부대끼며 살아온
삭히고 또 삭혀도 가슴 응어리로 남은 세월
누님이 그랬고
외숙모가 그랬고
이 땅의 많은 어머니들이 그러했을,
그러면서 오늘
훌쩍거리며
소주에 국밥 한 상 잘 차려내고
즐겁고 기꺼운 하루를 보내는 것이다

—「좋은 날에 우는 사람」 전문

시집의 표제작 「좋은 날에 우는 사람」은 최근 그의 시들이 이전의 시편과 어떻게 달라지고 있는지 가늠할 수 있는 키워드가 된다. 그동안 그의 시의 주된 관심사였던 농촌 정서라든가 가족사, 개인적 회한 등의 범주를 벗어나고 있는 조짐이 강하기 때문이다. 다시 말해, 그간의 시가 그의 일상사와 밀접한 '기록적' 성격이 강했다면, 「좋은 날에 우는 사람」을 비롯한 최근의 시편들은 시인 자신보다는 우리 사회가 처한 현실 세계를 가능한 충실히 반영하고자 주력하고 있다. '나'를 제외한 '너' 만의 문제가 아닌, '너' 와 함께 '나' 도 거기 포함된 '우리' 의 문제를 심도 있게 다루고 있다는 것이다.

이와 함께 그의 시집에서 예전과 다른 하나의 형식적 특징을 발견할 수 있는 바, 그는 시를 시인과 독자 사이 일방통행이 아닌 쌍방통행을 도모하고 있다는 점이다. 한편의 시는 시인에 의해 오롯이 완공(完工)되어 독자에게 전달된다. 그것이 일반적인 시 창작의 원리이자 오래된 유통의 형식이다. 이렇게 정해진 '틀' 속에서 독자는 이미 씌어진 시에 관여할 수 없다.

그는 독자들이 시를 읽으면서 행간과 자간에 끼어들 여지를 남겨둔다. 그렇게 함으로써 알게 모르게 형성된 시의 권위주의, 엄숙주의로부터 거리를 두려한다. 정형화된 틀에서 반보(半步)쯤 비켜선다. 자서에서 밝힌 바와 같은 "미완성으로 남겨두기, 생략하기, 직접 인용, 빈칸으로 두기, 공동창작, 그림 사진 만화 등으로 시어를 대신하기" 등이 그러한 의도에서 시도된 것들인데, 그리하여 그는 '말린 소가죽처럼 딱딱하고 고집이 센' 시에 다소간 "재미있고, 풍부해지고, 따뜻한 피가 돌기"를 바라는 듯하다.

슬픔에 대한 기억을 갖지 못한 자들은 '좋은 날에 우는 사람'의 심정을 이해하지 못한다. 구차스럽다거나 청승맞다고 매도한다. 하지만 "슬픔의 안쪽을 걸어온 사람"은 시시콜콜 말하지 않고서도 이내 고개를 끄덕이며 이심전심이 되고 만다. 살아온 날이 안쓰럽기도 하고 대견하기도 하고 갸륵하기도 하여 함께 부둥켜안고 눈물콧물 범벅이 되는 것이다. 오늘의 좋은 날이 거저 온 것이 아님을 아는 자들끼리의 무조건적 유대감이다.

"슬픔의 안쪽"을 아주 오래 걸어온 그의 시는 리얼리즘을 넘어서 민중적, 민족적 서사구도의 리얼리티에 안착해 있다고 감히 말할 수 있겠다.

느림 속에 깃든 말(言)의 올곧은 뼈

어떤 말이 저렇게 깨달음의 등불을 오롯이 드러낼까
어떤 말이 저렇게 강물처럼 흘러 순간마다 빛날까
어떤 말이 늘 서서 걸으며 달려가는 우릴 멈추게 하겠는가
그 자리에 멈추어, 앉아, 되돌아보게 하겠는가
가만 있자의 그 순간이 어디
사람에게만 있겠는가
소주 집에 앉아 씩둑거리는 사람에게만 있겠는가
날아오를 자리 가늠하며 대가리 까댁이는
미루나무 꼭대기의 저 까치에게도
주춤대며 개천 다리 건너오는
오늘 아침 샛강의 자욱한 안개에도

그러니까 그 자세 가만 있자의
낮은 걸음 자세는 깃들어 있는 것이다
왜 아니겠는가, 한 순간 불티처럼 튀어나온 그 깨달음에
극極으로 치닫던 마음이 돌아앉는다
제 몸 진저리치며 세우는 그 자리에
고양이
쥐의 일에
슬퍼도 하고
밭에서 돌아온 소가
부어오른 제 발등을 핥기도 한다

어느 말이 저렇게 어두운 골방에서
맹렬히 타오르는 담뱃불이겠는가

—「가만 있자 그러니까 그게 거, 할 때의 그 가만 있자에 대하여」 전문

그가 구사하는 어투는 시종일관 느릿하다. 도무지 급할 게 하나도 없다는 듯 딴청이다. 어눌한 듯도 싶고 때론 능청스럽기까지 하다. 그는 시집 곳곳에서 "읎다", "없드래도", "어여 눈물 닦고 나가 노래 한 마디 혀", "뚫고", "한숨만 폭폭 내쉬는 게 일이랴", "죄다 받아온다는겨", "사람 사는 일이 정

말 맘먹기에 달렸지유?", "을매나 맛나고 칼타운지 몰러" 등 구성지고 맛깔스런 토속어를 쏟아낸다. 어디 그뿐인가. 잊혀져가는 우리말을 찾아 적재적소에 부려놓는 일에 공을 들인다. 언어파괴가 실험적으로 횡횡하는 이즈음의 시단에서 어쩌면 그의 이러한 시작(詩作)은 준엄하고 숙연하기까지 하다. 국도변에 핀 풀꽃과도 같은 잔잔한 감동과 감흥을 불러일으키는 그것! 이를테면 그의 시에 들면 별다를 것 없는 '코빼기'가 "코쭝배기"가 되고, '길쭉'도 "갈쭉"이, '매콤'한 연기도 생솔가지 불지필 때의 그 "매쿰"한 연기가 되어 눈에서 눈물이 핑그르 돌 정도의 맵싸한 연기로 피어오르는 것이다. "씩둑거리다", "후엉후엉", "움먹", "후넉후넉", "헤벌씸", "손포", "희까스르다", "배토롬하다", "추썩거려보다" 등, 그가 구사하고 있는 이와 같은 말들이 더욱 놀라운 것은 시의 행간을 읽어내는 일이나 전체적인 맥락을 짚는 일에 하등 장애요소로 작용하지 않는 생래적이고도 일상적인 언어라는 것이다.

그가 구사하는 시어가 그러하듯 그의 시 곳곳에서 드러나는 삶을 대하는 자세는 '느림', 그리고 '앉음'이다. 그는 늘 서서 달리는 우리들에게 멈추라고 한다. "멈추어, 앉아, 되돌아보라고" 한다. 그렇게 가만히 앉아 있는 순간에 존재는 비로소 존재와 만나며, 그 같은 깨달음에 "극(極)으로 치닫던 마음이 돌아앉는다"고 한다. 상생과 평화와 생명에 대한 연민이 비로소 삶의 바탕에 놓여 홀연 머리 위의 별들과 발밑의 땅을 새삼 실감하게 된다고 한다.

미군기지 확장으로 고향에서 쫓겨날 위기에 처한 평택시 팽성읍 대추리 마을 주민들의 처지를 화두로 삼아 쓴 「대추리」 같은 시도 그가 구사하는 언어의 진경을 잘 보여준다.

그러믄유 딴 거 읎슈
올해두 농사짓자는 거유
내 땅에 내가 물 대어
내 손으로 농사짓겠다는디
웬늠의 참견이 이리 성가시대유
그럼유, 우린 딴 거 안 바래유
작년처럼 올해두
농사짓자는 거유
미군기지가 일루 옮겨오면
그 땅이 여의도 몇 배?
열 배라나 스무 배라나 허더먼서두
그리고 또 뭐라지?
미군기지가 여기 평택으로 오는 건
수원 — 평택 — 군산 — 광주로 해서

앞으로 중국을 포위하기 위해서라는디
우린 그런 건 잘 몰러유
그러믄유 딴 거 읎슈
그저 올해두 작년처럼 농사짓자
이거 하나유
아무리 철조망을 둘러치고
나가라구 혀두
이거 하나는 막을 수 읎을규

—「대추리」 전문

그의 호곡(好哭)론

올 여름은 유난히도 무더웠다. 게릴라성 집중호우와 불볕 폭염이 하루에도 수차례 오락가락했다. 예보의 정확도를 높이기 위해 '제3세대 종합기상정보 시스템' 까지 도입한 기상청의 강수예보는 기대치를 훨씬 밑도는 것이어서 시민들의 불만을 샀다. 오죽했으면 기상청 홈페이지에 일기예보청이 아니라 일기오보청이라는 비아냥이 등장했을까. 열대야로 인해 숙면에 들지 못하고 뒤척이는 밤, 집요하고 그악스런 매미 울음이라니. 그렇다고 문을 닫을 수도 없고. 참을 수밖에 도리가 없다. 예넌 같으면 땅 속에서 나무뿌리의 수액을 빨아먹으며 장장 17년을 견뎌낸 끝에 비로소 세상 밖으로 나온, 그러함에도 수주일 이내에 짝짓기와 산란을 마치고 나면 며칠 못 가 죽고 마는 매미의 일생에 대해 명치끝이 묵직해져 오는 감상에 빠져들어야 마땅하나, 올해는 숙면을 방해하는 훼방꾼으로만 여겨졌다. 애꿎은 매미만 미움을 산 것이다.

예나 지금이나 매미의 울음은 한결같은데 그의 시에서 그것은 "허공을 가로지르다 휘청 거미줄에 걸린 매아미의 비명 소리"(「뒤뜰 정담」)가 되기도 하고, 어느 땐 "가슴 속 출렁고인 울음"(「기원」)이 되기도 한다. 또 그런가 하면 "가슴 속/ 말뚝처럼 박혀 버린 얼음덩어리"(「빙벽」)이기도 하고, "있는 힘 다해 살아 있는, 허나 죽어 가는"(「자라」) 이들의 필사적인 몸부림이기도 하다.

처서 무렵 우는 매미 소리는
강철 빛깔이다
골무만 한 몸통에서
가슴팍 열어 젖혀 쟁명히 울어대는
매움 매움, 저 매미 소리는
하늘과 땅 사이 나 아니면 울 게 없다는
아니 아니 하늘과 땅 사이 울 것 투성이인데

아무도 울지 않아 내가 대신 운다는
매미가 쓰는 호곡론好哭論이다
그래 그건 그렇고
넌 언제 울어봤니
두 줄기 눈물 비줄배줄 흘리는 그런 울음 말고
막힌 칠정 한꺼번에 터져 나와 목젖이 다 갈라지는
크나큰 울음, 통곡을
넌 어느 때 울어 봤어
아파트 숲 단풍나무 가지에 앉아
꽁댕이 들었다 놨다 울어 퍼지르는
아흐, 저 빛살의 매미 소리
어떤 톱날로도 자를 수 없는

—「매미 소리」 전문

호곡(號哭)의 사전적 의미는 "소리를 높이 내어 슬피 우는 울음"이다. 그러나 이 시에서 시인이 골라 쓴 호곡(好哭)은 그러한 의미가 아니다. "가슴팍 열어젖혀 쟁명히 울어대는"이라는 표현과 "울 것 투성이인 세상에 아무도 울지 않아 내가 대신 운다"는 진술로 보아 호곡은 사회적 자아가 깨져 존재의 본질과 맞부딪쳤을 때에야 울 수 있는 장대한 울음이다. 그런 울음은 언제 우는가? 그런 울음을 우리는 언제 울어

보았는가? 우린 이미 그런 울음을 잊고 살지 않는가?

시인은 "꽁댕이 들었다 놨다 울어 퍼지르는" 매미의 울음을 통해 울음을 잊고 사는 현대인들의 앞뒤 꽉 막힌 '비극'을 환기시켜 주고 있다.

신성(神性)이 머물다간 자리

올해는 '빈자의 성녀' 인 마더 테레사 수녀가 선종한지 10주기 되는 해다. 그가 생전에 동료 신부들에게 보낸 40여 통의 서한이 공개됐는데 그중 "저에게는 침묵과 공허감이 너무 커, (예수님)을 보려 해도 보이지 않고 들으려 해도 들리지 않는다"는 인간적 번민이 화제를 불러일으키고 있다. 신의 존재에 대한 의문으로 고통스러워하는 일이란 성직자나 일반인이나 별반 다르지 않은가 보다. 지금이야 덜하지만 문단 데뷔 초기, 카톨릭 영세명을 필명으로 쓰고 있는 나를 수녀로 착각하는 이들이 더러 있었는가 하면, 신앙심이 남다를 거란 선입견을 갖는 이들이 있는 것 같다. 묻기라도 하면 좋으련만 지레짐작으로 그쳐버리는 경우가 다반사다. 그럴 땐 난감하다. 고백하거니와 나는 불량 신자다. 왁자한 주일미사보다는 평일 텅 빈 성당에 도둑처럼 들어가 묵상을 하곤

한다. 신의 존재에 대해 어찌 생각하느냐고? 물론 노코멘트다. 하지만 분명한 건 마더 테레사의 번민이 내게 큰 위안이 되었음은 말할 나위 없다.

일촉즉발 붙기 전 두 녀석이 나에게 걸렸다. 한 놈은 벌써 눈텡이가 밤텡이다. 도서실에 불러 앉혔는데도 치켜 뜬 눈이 황소 눈이다. 제 분 못 이겨 부르르 몸을 떤다. 이마가 깨져도 끄떡 않을 놈들이다. 악써대는 고함에 도서실 고요가 유리잔처럼 부서진다.

사과할래, 안합니다, 그럼 한 번 쳐야겠어, 네, 너도, 네, 좋아, 치고 싶다면 쳐야지, 나도 열 받는다, 막무가내 앞에서 나도 그냥 막무가내 되고 싶다.

그러다 문득, 우리 5분만 가만 있자, 그런 다음 치기로 하자, 멀뚱히 떨어져 앉아 삼 · 백 · 초를 견딘다. 운동장에 까치 한 마리 날아와 앉는다. 은행잎 호로로 진다. 그 새 늦가을 한 토막 서둘러 간다.

갈밭에 눈 내리듯 분노 잦아든다. 고요의 손길이 터진 제 몸을 한 땀 한 땀 깁는다. 씩씩거림 흥분이 고요 속으로 기어든다. 강둑 물안개 퍼지듯 고요, 고요히 제 자리 찾아 앉는다.

얼핏 신성神性이 지나는 걸 보았다

―「고요의 힘」 전문

묵주기도를 바치고 있는 나를 물끄러미 바라보던 아이가 머뭇머뭇 물었다.

"하느님의 존재를 믿으세요?"

"글쎄, 음. 솔직히 잘 몰라. 전쟁과 기아와 인면수심의 범죄, 대형사고와 난치병으로 죽어가는 무고한 영혼들을 보노라면 하느님이 정말 계시기나 한 걸까? 계시다면 이럴 수는 없는 거잖아. 하느님의 뜻이라고? 하느님의 뜻이 뭔데? 천국에 들게 하려고 시련을 주시는 거? 그건 아니잖아. 엄마도 혼란스러울 때가 많아."

"그럼 왜?"

"그런데 왜 믿느냐고? 독실한 크리스천들에겐 몰매 맞을 소리겠지만, 신! 이를테면 예수나 하느님은 '희망'의 다른 이름이 아닐까 하는 생각이 들 때가 있어. 바꿔 말하면 희망이라는 게 예수도 하느님도 될 수 있다는 거지. 엄마는 희망의 끈을 잡고 있는 거지. 신의 또 다른 이름일지도 모를 희망!"

아이는 알 수 없다는 표정으로 고개를 갸웃거리더니 자기 방으로 들어가 버린다. 로마에 다녀온 후배가 교황청 앞 기념품 가게에서 샀다며 선물로 준 장미나무 묵주를 한지 공예 묵주함에 넣는다. 손가락 마디마디에 장미향이 배었다. 대책 없이 착해지는 순간이다. 그런 마음으로 「고요의 힘」을 읽는다. 거기 조재도라는 한 시인이 서 있다. 비로소 그에 대해 조금은 알 것도 같다. "일촉즉발 붙기 전" 괘씸한 두 녀석을 붙들어놓고 "우리 5분만 가만 있자", 그러고 나서도 여전히 화가 가라앉지 않으면 싸워도 좋다고 제안한다. "삼 · 백 · 초"가 길다. 삼 · 천 · 초, 삼 · 만 · 초는 되는 것 같다. 처음엔 분을 삭이지 못해 씩씩거렸지만 묵묵히 앉아 있노라니 겸언쩍었을 게다. 후회도 됐을 게다. 때린 놈도 미안했을 것이고, 맞은 놈도 '용서' 라는 말의 의미를 되새겼을 지 모른다. 등 뒤에서 째깍째깍··· "까마귀 한 마리 날아오고" ··· 째깍째깍 ··· "은행잎 호로로 지고" ··· 째깍째깍 ··· "늦가을 한 도막 서둘러 가는" 사이 분노를 다독이는 고요의 손길이라니, 모든 것 끌어안는 고요의 품이라니, 제 자리로 돌려놓는 고요의 힘이라니. 거기서 신성(神性)을 읽어내는 시인의 혜안이 놀랍지 않은가.

정신 바짝 나는, 얼얼한 생

"노인 병원 수족관에 자라 한 마리 납작 엎드려 있다/ 죽음을 앞둔 노인이 생의 주름 잔뜩 오므리고 누워 있듯 그렇게 누워 있다/ 거대한 층층의 현대판 고려장"에 아버지를 모셔 놓고서야 생각한다. 나이 들고 병든 노인들의 굼뜬 거동을 지켜보면서 "휠체어 바퀴 한 번 밀어 3㎝ 이동"하고 "죽 한 그릇 삼키는데 삼천갑자 동방삭"인 삶에 대해 "어쩌면 처음부터 저렇게 느리게 움직였는지도 모를"(「자라」) 일이겠다 불현듯 깨닫기도 하고, "문고리 걸어 잠근 안방 책상에/ 장례식 때 쓴 어머니 사진,/ 전화기, 성경책, 그리고 펼쳐놓은 내 시집 한 권"… "이따금 시간 나면 전화통화 하자는 순박한 믿음과/ 내가 쓴 시 한 번 보시기나 하라는 대책없는 소망"이 먼지로 쌓여가는, "장미와 영산홍이 저 혼자 붉은", 하지만 하루가 다르게 어깨 기울어지고 무릎 꺾이고 허리 꼬부라져 "눈물 나는" 고향집을 찾아 "화사하게 걸어 나오고"(「그 집」) 계신 어머니와 꿈결처럼 잠시잠깐 해후도 하는 것이다.

그렇게 만나는 그의 어머니는 "슬픔의 안쪽"이며, "배추씨보다 더 작은 무명씨"이고, "침묵의 시렁", "막힌 칠정 한꺼번에 터져 나와 목젖이 다 갈라지는/ 크나큰 울음, 통곡", "출렁이는 반도의 슬픔"인 것이다. 오랜 병마에 몸져누운 아버지는 노인 병원에 계시고, 남편을 대신해 노역으로 식솔을 부양한 어머니는 돌아가셨다. 민중의 전범(典範)이 되어주셨던 한 세계는 저물어가는 중이고, 한 세계는 이미 저문 것이다.

죽은 어머니를 고추밭에 묻었다
한 길 땅 속 허공에 반듯이 누워
분해되어 가는 어머니
푸른 햇살 되퉁기는 풋고추에 몸을 실어
올여름 우리에게 싱싱하게 오신다
생명은 이렇게 한 치 건너 두 치
보이지 않는 길 따라
목숨을 싸고 돈다
고추에 된장 듬뿍 찍어
와삭, 어머니를 먹는다
어머니 살을 먹는다
어머니를 움켜쥐고 있는 흙의 손을 먹는다
얼얼하구나, 오냐, 살 수 있겠다

—「유물론」 전문

어머니를 먹는다. 고추밭에 묻혀 풋고추로 부활하신 어머니를 "와삭" 깨문다. 싱싱한 어머니의 살을 먹는다. 생활에 부대껴 의기소침한 나, 소심해진 나, 풀죽은 '나'가 눈에 밟혀 풋고추의 푸른 몸을 빌어 "푸른 햇살 되퉁기며" 찾아오신 어머니를 밥상에서 먹는다. "얼얼하다" 정신이 바짝 난다. 복잡하고 각다분하기만 한 세상사, 그러나 별 거냐? 오냐, 그래, 잘 살 수 있겠다!

『좋은 날에 우는 사람』이라는 택호가 붙여진 집이 완공됐다. 견고한 집에 골방 한 칸쯤 거저 들인 것 같아 마냥 기쁘다. 시집의 첫 독자로 그가 나를 호명했다. 첫 사랑만큼이나 설레고 흥분하는 동안 결코 물러서지 않을 것 같던 폭염도 사위고 어느새 가을이다. 욕망의 덫에 스스로 걸려들어 자아는 물론 가족의 존재마저 망각하고 살아가는 세태를 따끔히 풍자한 「등나무 꽃」의 보랏빛 꽃등도 그새 일제히 소등했고, 영역을 확장한 짙푸른 그늘만 고즈넉하다. 조금은 쓸쓸해져도 좋을, 조금은 가난해져도 좋을 계절, "제 몸을 낮추어 공손히/ 사람이 와 앉기를 기다리는" 빈 의자에 앉아 그를 배웅한다.

잘 가시라 號哭의 시절이여, 부디 오래 머무르시라 好哭의 시절이여.